BEI GRIN MACHT SICH IHR WISSEN BEZAHLT

- Wir veröffentlichen Ihre Hausarbeit, Bachelor- und Masterarbeit

- Ihr eigenes eBook und Buch - weltweit in allen wichtigen Shops

- Verdienen Sie an jedem Verkauf

Jetzt bei www.GRIN.com hochladen und kostenlos publizieren

Anke Brandt

Hat die Ideologie im Staatsbürgerkundeunterricht der DDR die Menschen vom Sozialismus weggeführt?

GRIN Verlag

Bibliografische Information der Deutschen Nationalbibliothek:

Die Deutsche Bibliothek verzeichnet diese Publikation in der Deutschen Nationalbibliografie; detaillierte bibliografische Daten sind im Internet über http://dnb.d-nb.de/ abrufbar.

Dieses Werk sowie alle darin enthaltenen einzelnen Beiträge und Abbildungen sind urheberrechtlich geschützt. Jede Verwertung, die nicht ausdrücklich vom Urheberrechtsschutz zugelassen ist, bedarf der vorherigen Zustimmung des Verlages. Das gilt insbesondere für Vervielfältigungen, Bearbeitungen, Übersetzungen, Mikroverfilmungen, Auswertungen durch Datenbanken und für die Einspeicherung und Verarbeitung in elektronische Systeme. Alle Rechte, auch die des auszugsweisen Nachdrucks, der fotomechanischen Wiedergabe (einschließlich Mikrokopie) sowie der Auswertung durch Datenbanken oder ähnliche Einrichtungen, vorbehalten.

Impressum:

Copyright © 2012 GRIN Verlag GmbH
Druck und Bindung: Books on Demand GmbH, Norderstedt Germany
ISBN: 978-3-656-43879-3

Dieses Buch bei GRIN:

http://www.grin.com/de/e-book/214586/hat-die-ideologie-im-staatsbuergerkunde-unterricht-der-ddr-die-menschen

GRIN - Your knowledge has value

Der GRIN Verlag publiziert seit 1998 wissenschaftliche Arbeiten von Studenten, Hochschullehrern und anderen Akademikern als eBook und gedrucktes Buch. Die Verlagswebsite www.grin.com ist die ideale Plattform zur Veröffentlichung von Hausarbeiten, Abschlussarbeiten, wissenschaftlichen Aufsätzen, Dissertationen und Fachbüchern.

Besuchen Sie uns im Internet:

http://www.grin.com/

http://www.facebook.com/grincom

http://www.twitter.com/grin_com

Freie Universität Berlin
Fachbereich Politik- und Sozialwissenschaften
Otto-Suhr-Institut für Politikwissenschaft

Hat die Ideologie im Staatsbürgerkundeunterricht der DDR die Menschen vom Sozialismus weggeführt?

Anke Brandt

Inhaltsverzeichnis

1. Einleitung 3
2. Das Fach Staatsbürgerkunde 4
   2.1 Die Entwicklung des Faches 4
   2.2 Das Ziel des Faches Staatsbürgerkunde in der Schule 5
   2.3 Inhalte des Faches Staatsbürgerkunde 6
   2.4 Erzieherisch-pädagogische Mittel 8
   2.5 Pädagogische Erziehungsmethoden bei Problemen 12
3. Ideologie des Marxismus-Leninismus 13
4. Ausbildung der Lehrer 14
5. Gesetzliche Grundlagen in der DDR zur Ideologievermittlung 15
6. Konformität und Stillstand als Folge der Ideologievermittlung 17
7. Zusammenfassung 21
8. Fazit 22
Literaturverzeichnis 24
Anhang 26

Abkürzungsverzeichnis

DDR	Deutsche Demokratische Republik
EOS	Erweitere Oberschule, (Klasse 11-12, führt zum Abitur)
FDJ	Freie Deutsche Jugend, Jugendorganisation der DDR, ab Klasse 7
JP	Jungpioniere, für Kinder ab der ersten bis zur siebten Klasse, unterteilt in Jungpionier (Klasse 1-4) und Thälmann Pionier (Klasse 4-7).
KPD	Kommunistische Partei Deutschlands
NVA	Nationale Volksarmee
POS	Polytechnische Oberschule (Besuch von erste bis zur zehnten Klasse)
SED	Sozialistische Einheitspartei Deutschland
UTP	Unterrichtstag in der sozialistischen Produktion
ZK	Zentralkomitee

Abbildungsverzeichnis

Abbildung 1: Beispielstundenplan der 11. und 12. Klasse der EOS 8
Abbildung 2: Begabtenförderung in der DDR 10

1. Einleitung

Im November 1989 wurde das Fach Staatsbürgerkunde in der ehemaligen DDR[1] mit seinen Inhalten eingestellt (vgl. Biskupek 2002: 24). Die Proteste fielen, nach dem Zusammenbruch der DDR, zu sehr ins Gewicht. Die Bevölkerung, die bis zu diesem Zeitpunkt über Jahrzehnte auf die Ideologie[2] des Marxismus-Leninismus im Staatsbürgerkundeunterricht geprägt wurde, wehrte sich gegen das noch bestehende Schulfach.[3] Die politische Bildungsarbeit in der DDR hatte bis dahin einen festen politischen Standpunkt, die Sicherstellung der ideologischen Erziehung zum sozialistischen Menschen hin. Überzeugungsarbeit war dabei ein fester Bestandteil des Lehrplanes. Doch nach dem Zusammenbruch der DDR hatte „(die) SED „anscheinend (nun selbst) Zweifel an der Wirksamkeit ihrer politisch-ideologischen Erziehungsarbeit" (Biskupek 2002: 25). Zahlreiche Untersuchungen belegen, dass die politisch-erzieherische Bildungsarbeit gescheitert ist (vgl. Förster/ Roski 1990: 39 f. in Biskupek 2002: 25). Es gab bereits Anfang der siebziger Jahre bereits anfängliche Distanzierungen und Zweifel an der Überzeugung des Marxismus-Leninismus. Ursachen waren z. B. „(…) der Graben zwischen Theorie und eigener Erfahrung" (vgl. Förster/ Roski 1990: 41 ff. in: Biskupek 2002: 25). Diese Arbeit untersucht das ehemalige Fach Staatsbürgerkunde in der DDR. Dabei wird zunächst das Fach in seiner Entwicklung, den Zielsetzungen und den Gesetzmäßigkeiten im Bildungswesen untersucht. Darüber hinaus werden die pädagogischen Umsetzungsmöglichkeiten zur Umsetzung der Ideologievermittlung und die Kontrolle dessen erklärt. Es wird im Anschluss der Marximus-Leninismus erklärt, um den Grund für die Umsetzung der Ideologievermittlung in der DDR zu erklären. Die daraus entstandenen Folgen für die Bürgerinnen und Bürger werden den Bestandteil der Fragestellung bilden, inwiefern die Ideologievermittlung in der Schule die Menschen vom Sozialismus weggeführt hat? Als Literaturgrundlagen werden Lehrpläne, statistische Untersuchungen, und zusammenfassende Literatur über das Fach Staatsbürgerkunde diesem Bericht hinzugefügt.

---

[1] Deutsche Demokratische Republik (Volksrepublik), sozialistischer Staat, gegründet 1949. 1990 in die Bundesrepublik wieder eingegliedert. Das Regierungssystem wurde parteidiktatorisch geführt, durch die Sicherstellung des sozialistischen Mehrparteiensystems mit eigener Verfassung.
[2] Der Begriff Ideologie umschreibt hier vorrangig die politische Ideologie.
[3] Die Gründe waren vor allem die „(…) Flut von Forderungskatalogen, die Bürger, Wissenschaftler und Lehrer an das Bildungsministerium sandten (Biskupek 2002: 24).

2. Das Fach Staatsbürgerkunde

Das Fach Staatsbürgerkunde war ein Pflichtschulfach in der Deutschen Demokratischen Republik, welches von der siebten (ab 1968) bis zur zwölften Klassenstufe unterrichtet worden ist. Das Fach wurde von Fachlehrern unterrichtet und wurde in alle Bildungsbereiche der damaligen DDR integriert. Dies betraf insbesondere die Polytechnische Oberschule (Standardschule für alle Schülerinnen und Schüler von der ersten bis zur zehnten Klasse), die erweiterte Oberschule (Klasse elf und zwölf), die Berufsschule, bestimmte Fachschulen, Sonderschulen und die Hochschulen bzw. Universitäten des Landes.

2.1 Die Entwicklung des Faches

Das Fach Staatsbürgerkunde trat im Jahr 1957/ 58 als Nachfolger des Faches Gegenwartskunde in Erscheinung und wurde im Zuge mehrerer Reformierung der Lehrinhalte und dessen Zieldefinitionen immer wieder überarbeitet. Aufgrund der Schwierigkeiten im Bildungswesen nach der NS Zeit konnten erst nach und nach ideologische Bildungsinhalte definiert und in die Lehrpläne überführt werden. Das erste Ziel war zunächst die Umerziehung der Bevölkerung. Eine besondere Herausforderung war dabei die noch vorhandenen antisemitischen sowie antikommunistischen Ideologievorstellungen aus den Schülerköpfen zu verbannen. Die damalige sowjetische Militäradministration legte den Grundstein für das neue Schulwesen, welche die Bildungsinhalte bestimmte (vgl. Herbstritt 1996: 8). Es wurden neue Lehrpläne und Schulbücher aus dem eigens dafür gegründeten Volk und Wissen Verlag gedruckt und die alten Bücher aus der NS Zeit dem Schulbetrieb entzogen. Darüber hinaus wurden Privatschulen verboten. Alte Lehrer, die bis dahin Mitglied der NSDAP waren, wurden zunächst nicht in den Schulbetrieb übernommen, obwohl die damalige KPD/SED Führung die Wiedereinstellung zunächst befürwortete. Dem lag eine Diskussion zu Grunde, denn gerade alte Lehrerinnen und Lehrer besaßen noch die Demokratieerfahrungen vor der NS Zeit (vgl. Herbstritt 1996: 10). Im Zuge der Umgestaltung wurde als aller erstes vom damaligen Volksbildungsminister Grünberg der Ausdruck für die zentrale Aufgabe des sozialistisch geprägten Bildungssystems auf Grundlage des Marxismus-Leninismus genannt. Es sollte ein

neuer demokratischer sozialistischer Mensch erschaffen werden (vgl. Herbstritt 1996: 10). Die Erziehungsziele der KPD/ SED Führung lagen insbesondere auf den inhaltlichen Grundlagen des Bildungswesens. Die Grundlage bildete hierbei vor allem die neue Verfassung der DDR. Die bürgerlich-demokratischen Vorstellungen, die zum Teil an alten Vorstellungen, entweder vor und innerhalb der NS Zeit herrührten, waren noch vorhanden.[4] Es wurde Kritik in der DDR geäußert, dass es insbesondere an Wissen über die Arbeiterbewegung fehle. Ein Beispiel sei Thomas Münzer sowie die Pariser Kommune (vgl. Herbstritt 1996: 18). Im November 1947 wurde darüber hinaus kritisiert, dass sich Lehrer sich viel zu sehr auf die englisch-amerikanische Ideologie einlassen, sich zu sehr dem Materialismus hin wenden (vgl. Herbstritt 1996: 20). Aufgrund dieser Vorüberlegungen gab es erste pädagogische Ansätze zur Ideologievermittlung. Der Staatsbürgerkundeunterricht sollte nun aktuelle zeitgeschichtliche sozialistische Themen aufgreifen. Diese sollten vor allem aktuelle Probleme beinhalten und so zur Überzeugungsarbeit im Unterricht dienen (vgl. Herbstritt 1996: 21 f.). Darüber hinaus wurde das Fach Russisch eingeführt. Das Fach Deutsch sollte ergänzend hinzugezogen werden, um russische Literatur fächerübergreifend mit einzubeziehen.

2.2 Das Ziel des Faches Staatsbürgerkunde in der Schule

Das Fach Staatsbürgerkunde diente der politischen Überzeugungsarbeit, die sich auf wissenschaftlichen Methoden begründet. Die wissenschaftliche Ausarbeitung des Faches ermöglichte es den Lehrerinnen und Lehrern den Marxismus-Leninismus, aufgrund von wissenschaftlichen Nachweisen, die im Zuge der wissenschaftlichen Ausarbeitung der politischen Staatsideologie von Karl Marx[5] und Friedrich Engels[6] und Lenin entstanden sind, auf die staatseigene politische Überzeugung zu übertragen und diese Überzeugungen sollten an die Schülerinnen und Schüler vermittelt werden.
Der Marxismus-Leninismus ist in seiner Anwendung auf die Grundfragen der Gesellschaft gerichtet. Das Wesen dieser Weltanschauung ist in diesem Fall die Arbeiterklasse (vgl. Feige 1975: 11). Die Mission der Arbeiterklasse zu verstehen und weiter zu entwi-

---

[4] Dazu zählten z. B. die pädagogischen Konzepte von Peter Petersen.
[5] 1880 - 1883, Vertreter des Sozialismus und Kommunismus, Ökonom
[6] 1820 - 1895, Entwickelte zusammen mit Karl Marx die Marxismustheorie (Wirtschaft und Gesellschaftstheorie)

ckeln (vgl. Feige 1975: 15) war Aufgabe des Unterrichtsfaches. Als das Fach Gegenwartskunde eingeführt worden ist gab es bereits erste Motive um die Schüler von der Ideologie des Marxismus-Leninismus zu überzeugen. Trotz der strengen Wissenschaftlichkeit der Texte von Marx und Engels, sollte der Unterricht dennoch die Vorteile des Systems immer wieder herausheben. Die Überlegenheit des Sozialismus über den Kapitalismus sollte die Schüler motivieren, den Kampf der Arbeiterklasse auch in der Zukunft fortzuführen. Sie sollten den Sozialismus in seinen Grundzügen festhalten und zukünftige Entscheidungsprozesse, im Hinblick auf das erlernte Wissen, begründen und anwenden können. Die Anwendung bezieht sich dabei insbesondere auf die praktische Politik, vor allem im internationalen Klassenkampf gegen den Imperialismus (vgl. Feige 1975: 11). Die weltanschaulichen Grundüberzeugungen sind also der Kern des Faches, die aus den Menschen bzw. aus den Schülerinnen und Schülern sozialistische Persönlichkeiten gestalten sollten, die auf die Grundfragen der Entwicklung der Gesellschaft jederzeit eine klare Grundpositionen einnehmen und somit zu selbstständigen DDR Bürgern heranwachsen können. Die Rechte und Pflichten, die Gesetzmäßigkeiten und die Mission der Arbeiterklasse durfte im Unterricht niemals aus den Augen verloren werden, denn ein jeder Bürger hatte „(…) sich mit ganzer Kraft für die Festigung und den Sieg der sozialistischen Gesellschaftsordnung (…) und für die Beendigung des Militarismus in Westdeutschland einzusetzen."[7]

2.3 Inhalte des Faches Staatsbürgerkunde

Im Jahr 1964 kam es dann zum letztendlich ersten Lehrplan für das Fach Staatsbürgerkunde an den Allgemeinbildenden und Berufsbildenden Schulen, der zwar zunächst erst nur ein Entwurf war, aber zunächst helfen sollte einen roten Faden durch die Lehren des Marxismus-Leninismus für den Unterricht zu bilden (vgl. Lücke 1965: 23). Die Inhalte des Faches Staatsbürgerkunde enthielten nur Inhalte zum Marximus-Leninismus,[8] den wirtschaftlichen (ökonomischen) und ideologischen Hintergrund. Ziel des Faches war es, die Schülerinnen und Schüler von der politischen Theorie zu überzeugen. Dementsprechend waren die Lehrpläne auch ausgearbeitet.

---

[7] Gesetz über das einheitliche sozialistische Bildungssystem vom 25. Februar 1965
[8] Der Kapitalismus wurde nur durchgenommen, um die Nachteile dessen zu erklären.

In der neunten und zehnten Klasse der polytechnischen Oberschule wurde zwei Wochenstunden in einem Schuljahr für das Fach Staatsbürgerkunde aufgewendet. In der Oberstufe (Klasse 11 und 12) gab es eine eher philosophische Ausrichtung des Faches mit der Auseinandersetzung des Lebens und der Gesellschaft, mit nur einer Wochenstunde (vgl. Lücke 1965: 24). Ein Beispielinhalt ist z. B. in der neunten Klasse das Kommunistische Manifest, die Aufklärung über Lenin und die Darstellung des Erfolges der Lehren von Marx und Engels. Ebenso wurde die kapitalistische Gesellschaftsordnung untersucht. Im Anschluss folge daraufhin die Darstellung des Kampfes der Arbeiterklasse gegen die Ausbeutung, Unterdrückung und den Krieg. Weitere Inhalte sind die Entstehung der Deutschen Demokratischen Republik, der Aufbau des Sozialismus und die Darstellung des Charakters des sozialistischen Staates, sowie das Wesens der sozialistischen Demokratie. Die Grundzüge des ökonomischen Systems wurden ebenfalls ab der zehnten Klasse unterrichtet, von der Planung und Leitung von Industrie und Landwirtschaft, die demokratischen Rechte und Pflichten des Volkes, Weltanschauung und Moral im Sozialismus, Imperialismus und den Kommunismus, der als Zukunft des Menschen betrachtet wird (vgl. Lücke 1965: 25 f.). In der Oberstufe wurde die sozialistische Weltanschauung erörtert, in dem der Sinn des Lebens und die Philosophie betrachtet wurden. Dazu gehörten die Themenbereiche Materie und Bewusstsein, die materialistische Dialektik, Erkennbarkeit der Welt, das gesellschaftliche Bewusstsein, Rolle im Leben der Gesellschaft, Glück und der Sinn des Lebens. Darüber hinaus wurde das ökonomische System der Planung und Leitung in der DDR Volkswirtschaft besprochen, in dem es insbesondere um das Wesen der sozialistischen Produktionsweise geht (vgl. Lücke 1965: 26 f.). Die Lehrpläne im Fach Staatsbürgerkundeunterricht wurden mehrmals überarbeitet mit neuen vertiefenden Inhalten, aber vor allem mit richtungsweisender Ideologie versehen. Die letzte Änderung sollte zum Jahr 1990 erfolgen, scheiterte jedoch am Zusammenbruch der DDR. Die Lehrpläne wurden von Wissenschaftlern und Praktikern ausgearbeitet (vgl. Lücke 1965: 51). Die Inhalte des Faches Staatsbürgerkunde sollten sich vor allem an einem neuen modernen marxistisch-leninistischen Geschichtsbild orientieren. Die Feindbildvermittlung sollte durch eine politisch-ideologische Erziehung gewährleistet werden (vgl. Schreier/ Helwig 1988: 208). Die hauptsächliche Aufgabe war es, vorwiegend der Propaganda des Westens entgegenzutreten (vgl. Herbstritt 1996: 20 f.). Aufgrund des Mauerbaus im Jahr 1961

wollte die Staatsführung eine Veränderung des Rahmenlehrplanes für das Fach Staatsbürgerkunde erreichen, so "(…) dass jeder Schüler und Lehrling begreift, warum noch in diesem Jahr (1961) der Friedensvertrag abgeschlossen werden muss (…). Die Gefährlichkeit und zugleich die Perspektivlosigkeitspolitik der Freunde des deutschen Volkes (sollten) allen Schülern und Lehrlingen deutlich vor Augen (geführt werden)" (Lücke 1965: 19). Die patriotischen Gefühle sollten nun schwerpunktmäßig im Kampf gegen den Imperialismus der westlichen Gesellschaft aufgenommen werden.

Fach	Klasse 11, Wochenstunden		Klasse 12, Wochenstunden	
	1. Halbjahr	2. Halbjahr	1. Halbjahr	2. Halbjahr
Deutsche Sprache und Literatur	3	3	4	4
Russisch	5	3	3	5
2. Fremdsprache	3	2	3	4
Mathematik	5	5	5	5
Physik	3	3	3	3
Chemie	2	2	3	3
Biologie	2	2	3	3
Geographie	2	2	–	–
Geschichte	3	3	–	–
Staatsbürgerkunde	1	1	2	2
Sport	2	2	2	2
Zwischensumme	31	28	28	31
wahlweise obligat. Unterricht / wissenschaftl.-prakt. Arbeit[56]	–	4	4	–
Kunsterziehung oder Musik	1	1	1	1
fakultativer Unterricht[57] bis zu	3	3	3	3
Gesamtwochenstd.	35	36	36	35

Quelle: Friedrich Ebert Stiftung (1985): 36

Abbildung 1: Beispielstundenplan der 11. und 12. Klasse der EOS

2.4 Erzieherisch-pädagogische Mittel

Die Erziehungsmethoden begannen in der DDR bereits im Kindergarten, wurden über die Schulzeit weitergeführt und wurden bis in das Berufsleben und Privatleben weiter ausgebaut. Die Anwendung der erzieherischen, ideologischen Mittel wurde zwar in der Schule angewandt, fand aber in der Anwendung zum größten Teil außerhalb der Schule statt. Die Darstellung der einzelnen Lebensbereiche, Schule und Freizeit, erfolgt von daher zum Teil zusammenhängend, da die Übergänge in beiden Bereichen fließend wa-

ren. Der nahtlose Übergang in den Privatbereich war dabei gewollt. Das System war damit „(e)ine Art paralleles Erziehungssystem für die Kinder und Jugendlichen, (…) (s)ie boten sowohl im Rahmen der Schule, als auch im außerschulischen Bereich vielfältige Freizeitaktivitäten an und konnten auf diese Weise Einfluss auf die Kinder und Jugendlichen ausüben" (Robert Havemann Gesellschaft/ Bildungsserver Berlin-Brandenburg: 4). Bereits in der ersten Lebensphase, dem Kindergarten, erfolgte eine erste Hinführung zum Sozialismus (vgl. Herzberg 2001: 72). Was zunächst spielerisch in Form von sozialistischen Kinderliedern begann, wurde in der Schule systematisch fortgesetzt. Betrachtet man sich einen Gesamtschultag eines Kindes der fünften Klasse im Jahr 1989, begann bei den Schülerinnen und Schülern der Tag mit einem Fahnenappell (vgl. Helwig 1988: 5 u. 28). Vor einer jeden Stunde gab es ebenfalls einen kleinen Gruß (z. B. „Seid bereit, immer bereit" bzw. „Freundschaft"). Die Schülerinnen und Schüler wurden bereits früh an außerschulische Aktivitäten[9] gewöhnt (vgl. Helwig 1988: 116) und so waren die meisten Kinder in den Sommerferien in Ferienlagern der volkseigenen Betriebe (VEB) untergebracht, in denen vorrangig FDJ Funktionäre oder FDJ Mitglieder als Erzieherinnen und Erzieher tätig waren. Ein Kind der fünften Klasse war bereits Thälmann Pionier. Die Kinder dieser Schulstufe waren in der Regel nicht mehr am Nachmittag im Hort (bis zur vierten Klasse). Dafür wurden sie jedoch mit so genannten Arbeitsgemeinschaften am Nachmittag zusätzlich betreut.

Die außerschulischen Aktivitäten, sowie die Mitgliedschaft bei den Pionieren, später bei der FDJ, sollten ein Gemeinschaftsgefühl entstehen lassen. Die Schülerinnen und Schüler sollten lernen für andere Menschen einander da zu sein und eine dementsprechende sozialistische Moral aufweisen. Die Einführung der Pflichten eines sozialistischen Menschen wurde zum Beispiel im Jungpionierausweis vermerkt. Das so genannte „kollektive Bewusstsein" (vgl. Weitendorf 1961: 24) sollte so den Individualismus verhindern, damit sich keine Parallelgesellschaften bilden können.

---

[9] Der Verordnung über die Sicherung einer festen Ordnung an den Allgemeinbildenden polytechnischen Oberschulen in - Schulordnung - vom 29. November 1979 (Auszug): Der Stundenplan und der Zeitplan für die außerunterrichtliche Bildung-und Erziehungsarbeit (...).
§9 (1) Der Zeitplan für die außerunterrichtliche Bildung und Erziehung hat im Zusammenhang mit dem Stundenplan einen kontinuierlichen Ablauf der Bildung und Erziehung im Unterricht, im Schulhort, im Schulinternat, in der außerunterrichtliche Tätigkeit, in den Grundorganisation der Freien Deutschen Jugend und in der Pionierfreundschaft der Pionierorganisation Ernst Thälmann zu gewährleisten" (Schreier, Helwig 1988: 208).

Begabtenförderung wurde dabei besonders hoch angesetzt, nicht zuletzt weil das DDR Bildungssystem außerhalb einen hervorragenden Ruf genoss,[10] insbesondere in den naturwissenschaftlichen Fächern, was ein Teil, der vor allem nützlichen (für die DDR Wissenschaft), Modernisierungspolitik war (vgl. Helwig 1988: 112 f.).

Abbildung 2: Begabtenförderung in der DDR   Quelle: Helwig 1988: 113

Die Schülerinnen und Schüler wurden darüber hinaus auch durch die Medien beeinflusst. „Ebenso wie für Kinder und Jugendliche galt der allumfassende Erziehungsanspruch der SED Führung auch für die Berufsausbildung. Arbeits- und Nachbarschaftskollektive, gesellschaftliche Massenorganisationen und Maßnahmen der Erwachsenenbildung sollten den Einfluss der SED bis in den persönlichen Alltag der Menschen hinein gewährleisten" (Robert Havemann Gesellschaft/ Bildungsserver Berlin-Brandenburg: 4). Das Berufsleben in der DDR war dahin gehend geprägt, dass alle im Kollektiv arbeiten.[11] Dies betrifft gemeinschaftliche kollektive Entscheidungen, die Einbeziehung von Kollegen, FDJ Funktionären, Brigaden und im Privatleben auch die Freunde (vgl. Helwig 1988: 7). Die Bereitschaft für das Kollektiv, das heißt für die Gesellschaft dazu sein, konnte man insbesondere an den so genannten Subbotnik Tagen[12]

---

[10] (vgl. Friedrich Ebert Stiftung: 19)
[11] Das Sozialisationsziel in der DDR war das Kollektivbewusstsein, welches auf Tugenden beruhte, wie Beharrlichkeit, Bescheidenheit, Disziplin, Ehrlichkeit und staatstreues Klassenbewusstsein (vgl. Herzberg 2001: 73).
[12] Freiwillige Arbeitsdienste, meistens am Wochenende durchgeführt. Alle Bürgerinnen und Bürger, egal welchen Alters führten freiwillige, entgeltlose Tätigkeiten aus. Die Tätigkeiten umfassen zum Beispiel das Aufräumen auf Baustellen, das Pflanzen von Bäumen in Parks sowie Reparaturen. Die Idee stammt

nachvollziehen. Junge Erwachsene wurden schon früh verpflichtet und auf solche Tage dementsprechend vorbereitet. Für die Pioniere hieß dies, an Wettbewerben teilzunehmen (z. B. Altstoffsammlungen). Für die etwas älteren Schüler gab es darüber hinaus noch Zeitungen wie „Junge Welt",[13] die FDJ Gruppentreffen und Aufmärsche, Besuche in Betrieben, Gespräche mit Betriebsfunktionären (vgl. Weitendorf 1961: 37 ff.). Die Vorbereitung hin zum Beruf erfolgte darüber hinaus fächerübergreifend in Form des Unterrichtsfaches UTP.[14] Darüber hinaus wurden mit dem Unterricht Wehrkunde[15] auf den späteren Wehrdienst in der Volksarmee vorbereitet (vgl. Helwig 1988: 112 f.). „Sogar der private Freizeitbereich jenseits der staatlichen Institutionen sollte zur Formung der sozialistischen Persönlichkeit beitragen. Es gab zahlreiche Angebote, „(…) wie z. B. Kinos, Theater, Museen, Bibliotheken, Musikschulen, Sportvereine, (…) (welche) direkt aus staatlichen Mitteln, über die Massenorganisationen oder Betriebe finanziert (wurden) und unterlagen dadurch einer gewissen staatlichen Kontrolle" (Robert Havemann Gesellschaft/ Bildungsserver Berlin-Brandenburg: 4). Im Staatsbürgerkundeunterricht wurden insbesondere Tageszeitungen, z. B. „Neues Deutschland"[16] oder russische Zeitungen analysiert und besprochen. Der dialektische Materialismus wurde mit der marxistisch-leninistischen Erkenntnistheorie auf die Arbeiterbewegung bezogen und zum Teil mit der marxistischen Psychologie (Oberstufe) verbunden. Wichtig war dabei grundsätzlich immer die politische Aktualität eines jeden Geschehens (vgl. Weitendorf

---

dabei von Wladimir Iljitsch Uljanow (Lenin, 1870 – 1924). Lenin gilt als Begründer der Sowjetunion, Mitglied der KPD in der Sowjetunion, der sich durch diese Freiwilligendienste einen schnelleren wirtschaftlichen Aufbau ersehnte. Diese Arbeitstage wurden in der Regel in der DDR nur durchgeführt von den Arbeitnehmern, weil sie einen gewissen Druck ausgesetzt fühlten, aus Angst vor Repressalien. Wer sich dem Druck nicht beugte, dem drohte ein Eintrag in die so genannte Kaderakte (eine Art Personalführungsakte, indem zum Beispiel die Mitgliedschaft in der SED oder Mitgliedschaft einer Kampfgruppe notiert wurde). Sie diktierte das spätere Arbeitsleben. Wer einen Eintrag in der Kaderakte hatte, zum Beispiel weil er nicht Mitglied in der SED war, dem wurde der Weg zu einem gut bezahlten Arbeitsplatz verwehrt. Im schlimmsten Falle konnte dies ein Berufsverbot nach sich ziehen, so dass diesen Arbeitnehmern nur eine weniger gut bezahlte Arbeit, zum Beispiel in der Landwirtschaft bei der LPG, angeboten wurde.
[13] Eine marxistisch orientierte, linksorientierte Zeitung für junge Erwachsene, welche sich den gesellschaftlichen Themen auf der Basis des Marxismus-Leninismus bis heute widmet.
[14] Unterrichtstag in der sozialistischen Produktion. Die Schülerinnen und Schüler mussten einmal in der Woche in einem Betrieb arbeiten. Sie wurden so auf das Arbeitsleben vorbereitet.
[15] Das Fach Wehrkunde wurde in den Klassenstufen 9-11 durchgeführt. Die Übungen wurden entweder in der Freizeit in den Ferien in Form von Wehrsportübungen durchgeführt, in denen Mut Disziplin, Arbeitsmoral sowie die Einordnung in das Kollektiv erlernt werden sollte. Das diente der Vorbereitung auf den Dienst in der Nationalen Volksarmee (NVA), welcher in der Regel im Anschluss an die Schule ausgewählt. Wer den Wehrdienst verweigerte, wurde trotzdem eingezogen und als Arbeitssoldat mit schweren körperlichen Arbeiten beschäftigt. Ein Recht auf Wehrdienstverweigerung gab es in der DDR nicht.
[16] Eine bis heute sozialistisch orientierte geprägte aktive Zeitung.

1961: 3). Die Lehrer hatten darauf zu achten, dass Diskussionen unter den Schülerinnen und Schülern sachlich und parteilich, d. h. offen und aufrichtig, geführt werden. Dabei hatte der Lehrer darauf zu achten, dass er dabei vorrangig Schülerinnen und Schüler heraussucht, die überzeugend auf andere einwirken können, diese mit speziellen Argumenten überreden können (vgl. Weitendorf 1961: 55 f.). Lehrer waren dazu verpflichtet Unterrichtsziele für eine Klasse zu entwickeln (vgl. Helwig 1988: 28).[17] Es gab für die Klassenstufen nur je ein Schulbuch (Staatsbürgerkunde 1 - 4). Sie wurden im staatseigenen Volk und Wissen Verlag hergestellt.

2.5 Pädagogische Erziehungsmethoden bei Problemen

Seit Beginn des Kindergartens an wurde über jeden Schüler eine Akte geführt. Sie entschied spätestens bei der Einschulung in die erweiterte Oberschule, ob die Person zum Abitur zugelassen wird. Dabei zählten insbesondere die Treue zum sozialistischen Staat, privates Engagement (FDJ-Mitgliedschaft) sowie die Berufswahl selbst als Auswahlkriterium zur Zulassung (z. B. die Berufswahl „Lehrer"). Wer sich nicht im Sinne des Sozialismus engagierte, z. B. nicht Mitglied in der FDJ war, dem blieben viele berufliche Wege versperrt. Die Ursachen konnten dabei unterschiedlich sein. Das konnte das private Umfeld betreffen, z. B. die Eltern, die dem sozialistischen Staat abgeneigt waren und dies gegenüber ihren Kindern immer wieder offen kundtaten, religiöse Gründe[18] oder schwerwiegende soziale sowie psychische Gründe. So konnten bereits früh Interventionsmaßnahmen angewandt werden, um die Schülerin oder den Schüler in die richtige Richtung zu lenken. Wenn ein Lehrer festgestellt hat, dass insbesondere Eltern auf

---

[17] „§ 7 Der Verordnung über die Sicherung einer festen Ordnung an den Allgemeinbildenden polytechnischen Oberschulen in - Schulordnung - vom 29. November 1979 (Auszug):
(2) Der Leiterplan enthält Festlegungen - zur politisch-ideologischen und moralischen Erziehung des Schülerkollektivs, zur Entwicklung einer bewussten Lern-Arbeitseinstellung und des sozialistischen Verhaltens der Schüler im Unterricht und außerhalb des Unterrichts, in der Schule und im Betrieb (...)" (Schreier, Helwig 1988: 208).
[18] Eine durchgeführte Studie zum Sozialisationsverhalten von Kindern und Jugendlichen in der DDR ergab, dass Kinder vermerkt eine Ideologie ablehnen, wenn auch die Eltern diese Ideologie ablehnen. Es kommt dabei vermerkt zu einem Nischensozialismus, bei „besonders kirchlich engagierten Personen" (vgl. Herzberg 2001: 70f.). Der Rückzug in die privaten Nischen brachte vielen DDR-Bürgern eine Entlastung. Der zunehmende Eingriff der Ideologie im Sozialismus störte den Individualismus im Privatleben und setzte die DDR-Bürger zunehmend unter Druck. Religion wurde zwar von der DDR in der Verfassung als Freiheitsrecht deklariert, aber die Erziehung zur Religion war nicht erwünscht (vgl. Herzberg 2001:89). So kam es insbesondere zum Ende der achtziger Jahre immer wieder zu Festnahmen in Kirchen oder kirchenähnlichen Organisationen (s. Kap.7, Zusammenfassung).

das Kind staatskritisch einreden, so konnte dies an die staatlichen Sicherungsorgane weiter gemeldet werden. Im schlimmsten Falle konnte dies den Entzug des Kindes bedeuten.[19] Verweigerte sich ein Schüler dennoch, so wurden sie in Umerziehungsheime gesteckt, in Arbeitslager, oder sogar im schlimmsten Falle, ins Gefängnis.[20] Bevor man jedoch solch drastische Maßnahmen verwendet hat, hat man dennoch versucht die Schülerinnen und Schüler, insbesondere in der Schule, im Fach Staatsbürgerkunde, durch Überzeugungsarbeit versucht diese zum Sozialismus zu erziehen.

3. Ideologie des Marxismus-Leninismus

Die Ideologievermittlung in der deutschen demokratischen Republik beruft sich auf die Lehren von Karl Marx und Friedrich Engels sowie Lenin. Das Menschenbild stand im Vordergrund ihrer Arbeiten. Dies begründet sich, vor allem philosophisch darauf, dass sie den Menschen als Vernunft begabtes Wesen angesehen haben (bis auf Lenin). Dieser Mensch findet seinen eigenen Weg in einer ordentlichen Gesellschaft, in dem er die Bildung erlangt, die die erste Stufe seines Bewusstseins prägt, in dem der Mensch im späteren Leben an der Gestaltung der gesellschaftlichen Verhältnisse teilhaben kann, welches auch die Veränderung innerhalb einer Gesellschaft betrifft. Diese Gesellschaft kann er durch sein eigenes Tun und Handeln mit unterstützen. Dadurch entsteht eine neue Gesellschaft. „Marx und Engels benutzen jedoch niemals den Begriff des "neuen Menschen" sondern sie sprachen lediglich von einer Herausbildung eines neuen menschlichen Bewusstseins" (vgl. Friedrich Ebert Stiftung: 10). Lenin prägte jedoch den Begriff des „neuen Menschen" im Gegensatz zu Marx und Engels (vgl. Friedrich Ebert Stiftung: 10). Diese Begrifflichkeit ersetzte die damalige SED Regierung auf den Begriff der sozialistischen Persönlichkeit. Lenin übernahm die Vorstellungen von Karl Marx, blieb aber nur bei den Grundsätzen der Bildung. „Aber anders als Marx und Engels, sah Lenin (die Aufgabe der Herausbildung des neuen Menschen) (…) als ein(en) Prozess von oben nach unten an. Dies resultierte aus seinem Menschenbild, wonach der

---

[19] Zwangsadoption
[20] Die Betroffenen blieben zum Teil mehrere Jahre in solchen Lagern gefangen. Ziel war es, durch körperlich harte Arbeit (bis zu 12 Stunden täglich) und psychischen Druck (Einschüchterung und Ideologieüberredung) die Betroffenen zum Umdenken zu bewegen, meist ohne Erfolg.

einfache Mensch gar nicht in der Lage sei zu einem höheren Bewusstsein zu gelangen, sondern dass ihm dieses neue Bewusstsein von außen, von einer geistigen Elite, eben von der Partei ständig aufs Neue gebracht werden müsse, bis schließlich der neue Mensch entstanden sei" (Friedrich Ebert Stiftung: 10). Lenin hielt also die Menschen für unmündig für sich selbst eine sozialistische Gesellschaft, mit all seinen Normen, Gesetzen und den damit verbundenen Problemlösungsprozessen, zu (er)schaffen. Die SED Führung hat die Erkenntnisse von Marx, Engels und Lenin in ihr Parteiprogramm und in ihren Gesetzen aufgenommen, da sie von der Sowjetunion diktiert wurden. Ein Pluralismus in der Parteiführung wurde nicht zugelassen, allein durch das bestehende Parteisystem in der DDR, weshalb sich die Ideologie etablieren konnte, da das ZK der SED die Lehrpläne diktierte.

4. Ausbildung der Lehrer

Damit die Ideologie greift, wurden in der Schule neue Lehrkräfte gebraucht, die die Ideologie unterstützen und weitergeben. Die Ideologievermittlung war dadurch Bestandteil in der Lehrerbildung, welche gesetzlich geregelt wurde. Die Ausbildung der zuständigen Unterstufenlehrer erfolgte an Instituten für Lehrerbildung, die einen Fachschulcharakter besaßen. Das Studium dauert vier Jahre und endete mit einer staatlichen Abschlussprüfung. Spezielle Fachlehrer mussten ihr Studium an einer Universität oder an einer pädagogischen Hochschule absolvieren. Die Studiendauer betrug dabei vier Jahre, in denen sie zwei Fächer studieren mussten. Dazu gehörte die Fachwissenschaft, eine pädagogisch psychologische Disziplin in Verbindung mit Theorie und Praxis und eine gesellschaftswissenschaftlich-philosophische Grundausbildung (Klein/ Reischock 1972: 72). Der Anteil der politischen Ideologievermittlung im Fach Staatsbürgerkunde lag bei 9,1 % im Studienjahr 1981/82 (vgl. Friedrich Ebert Stiftung 1985: 50). Dazu musste meistens eine Zweitsprache gewählt werden in der Regel war war dies das Fach Russisch, welches im Studium einen Zeitanteil von insgesamt 4,9 % einnahm (vgl. Friedrich Ebert Stiftung 1985: 50). Praktika wurden in der vorlesungsfreien Zeit durchgeführt. Die Unterstufenlehrer, die in der Regel ihr Lehramtsstudium an einer Fachschule oder eines Institutes für Lehrerbildung besuchten, hatten einen Politikanteil von ca.

ca. 9,6 % im Studium zu bewältigen (Friedrich Ebert Stiftung 1985: 54). 70 % der Lehrer waren vor der Gründung der DDR noch im alten Schulsystem ideologisch verankert (NS Zeit). Somit war eine Demokratisierung des Lehrpersonals nur schwer bis zum Teil unmöglich (vgl. Klein/ Reischock 1972: 45). Die meisten Lehrerinnen und Lehrer wurden entlassen und durch ca. 43000 politisch integre Lehrerinnen und Lehrer (z.Tl. durch Weiterbildung erreicht) ersetzt. Kollektiverziehung und die Entwicklung der sozialistischen Persönlichkeit stand dabei im Vordergrund. „(…) Die allseitig entwickelte sozialistische Persönlichkeit, die entscheidende Führung aber (ist) Voraussetzung dafür, (…) diese Aufgabe (kann der Lehrkraft) nur entsprechen, wenn er Klarheit besitzt über den Persönlichkeitstyp, den die sozialistische Gesellschaft hervorbringt und zugleich erfordert, (so) dass die pädagogische Tätigkeit vor allem ideologische Arbeit ist und dass alle Pädagogen ihren Beruf als eine politisch-ideologischen Beruf und als gesellschaftliche Berufung verstehen müssen (Behrendt/ Döge/ Wricke 1980: 17).

5. Gesetzliche Grundlagen in der DDR zur Ideologievermittlung

„Im Verlauf der Zeit hat sich in der Sowjetunion in den anderen kommunistischen Staaten ein Bild des neuen Menschen, der durch Erziehung und Bildung geschaffen werden soll, so entwickelt, dass man es in Parteiprogrammen und Gesetzen festschreiben konnte" (Friedrich Ebert Stiftung 1985: 11). Im Zuge des neuen entstandenen Staates DDR, hat man, neben der allgemeinen Verfassung, ein Jugendgesetz und ein Bildungsgesetz herausgebracht. Die Ausrichtung hin zu einer sozialistischen Persönlichkeit stand im Vordergrund. Die hier dargestellten Gesetze enthalten die Bildung-und Erziehungsziele, inklusive die ideologischen Vorstellungen des Marxismus-Leninismus, die die Wertvorstellungen, Normen und Maßstäbe für das zukünftige Verhalten der Kinder und Jugendlichen von früh auf festlegen sollten. Am 25.02.1965 wurde das Gesetz über das einheitliche sozialistische Schulsystem eingeführt. Mit diesem Gesetz erhoffte man sich eine Vereinheitlichung aller Standards, insbesondere für das Fach Staatsbürgerkunde.

In der Verfassung der DDR steht in Art. 25 Abs. 1, dass jeder Bürger der DDR das gleiche Recht auf Bildung habe. Ein jeder Bürger darf, egal welcher Herkunft die Schule in

der DDR besuchen. Das Volk soll ein harmonischer Mensch sein, der "(...) vom Geist des sozialistischen Patriotismus und Internationalismus durchdrungen (sei)." (Art. 25 Abs. 2) (Friedrich Ebert Stiftung 1985: 14). Art. 26 Abs. 1 erklärt, dass allen Schülerinnen und Schülern ermöglicht wird, den Übergang in die so genannte höhere Bildungsstufe gewährleistet wird. Dies betrifft die Universitäten, Hochschulen, Fachschulen und ohne Berücksichtigung von sozialer oder kultureller Herkunft (vgl. Friedrich Ebert Stiftung 1985: 15).

Das Jugendgesetz der DDR beschreibt, wie ein Bürger zu lieben, zu lernen und zu arbeiten hat. Sein Handeln und seine Pflichten obliegen der Selbstlosigkeit zum Wohle der DDR. Es verpflichtet sie, die Traditionen der Arbeiter und den Sozialismus zu achten, Frieden und Völkerfreundschaft, insbesondere zur Sowjetunion zu bewahren und ihr können dem Kollektiv zur Verfügung zu stellen. Dazu gehört das, dass sie Verantwortungsgefühl, Zielstrebigkeit und Disziplin ausüben. Das Verhalten dient der Verantwortung für die spätere sozialistische Arbeitseinstellung und soll insbesondere die Jugend dazu anhalten, ein Verantwortungsgefühl im Sinne des Marxismus-Leninismus zu entwickeln (vgl. Friedrich Ebert Stiftung 1985: 12).

Man erhoffte sich also insgesamt eine neue Qualität in der Gestaltung des Unterrichtes. Das hohe Bildungsniveau sollte verstärkt aus dem Gesetz herausgehoben werden dass die Schülerinnen und Schüler später als polytechnisch gebildete Menschen in das Arbeitsleben hinausgehen können (vgl. Weitendorf 1961: VII).
„Für die schulische und außerschulische Erziehung von Kindern, Jugendlichen und Erwachsenen wurde die Formung von sozialistischen Persönlichkeiten als primäres Bildungsziel gesetzlich festgeschrieben." So hieß es in § 1 des 1965 verabschiedeten Bildungsgesetzes: „Das Ziel des einheitlichen sozialistischen Bildungssystems ist eine hohe Bildung des ganzen Volkes, die Bildung und Erziehung allseitig und harmonisch entwickelter sozialistischer Persönlichkeiten, die bewusst das gesellschaftliche Leben gestalten, die Natur verändern und ein erfülltes, glückliches, menschenwürdiges Leben führen" (Weitendorf 1961: 1). „Der sozialistische Aufbau in der Deutschen Demokratischen Republik erfolgt planmäßig nach den Gesetzen der gesellschaftlichen Entwicklung, in denen der Sieg der neuen, der sozialistischen Gesellschaft begründet liegt. Die

Anforderungen, die sich daraus für unsere Oberschulen ergeben, haben ihren Niederschlag im Schulgesetz, in der neuen Schulordnung und im Lehrplanwerk gefunden" (Weitendorf 1961: 1). Das Bildungsgesetz der DDR umfasste nicht nur das Bildungsgesetz der DDR umfasste nicht nur Schülerinnen und Schüler sondern kümmerte sich ebenfalls das so genannte lebenslange Lernen, dass zum Beispiel auch Senioren den Zugang zu Universitäten ermöglichte (vgl. Friedrich Ebert Stiftung 1985: 21).

6. Konformität und Stillstand als Folge der Ideologievermittlung

Die Anwendung der Vermittlung des Marxismus-Leninismus in Schule und Berufsleben führte zu einem Paradox zwischen der Wirklichkeit und dem Wunschdenken der Parteiführung. Eine Reihe von Anpassungsstrategien wurden innerhalb der von der Bevölkerung ausgeübt. Warum gab es diese politische Anpassung trotz der vermittelten Ideologievorstellung in der Schule, Beruf und Privatleben? Diese Frage letztendlich beantworten zu können muss man sich zunächst das mal fragen ob es eine politische Bildung in der DDR gab? Es gab keine ausgearbeitete Politikwissenschaft in der DDR. Man versuchte es in der Form der Ausarbeitung des wissenschaftlichen Sozialismus", so beschreibt der Autor Wolfgang Endres seine These hinsichtlich der Untersuchung einer Bestimmung des Begriffes der politischen Bildung (vgl. Endres 1992: 10). Er beschreibt, dass es keinen Grund der Bestreitung der politischen Bildung gäbe, dass aber Lern- und Unterrichtskonzepte gab. Aber es fehlte die „Befähigung zum politischen Handeln und Verhalten" (Endres 1992: 10). Die Ideologie im Unterricht war auf dem Marxismus-Leninismus ausgerichtet, das ist unbestritten. Die Art und Weise der Unterrichtsvermittlung war jedoch, ideologisch gesehen, nur darauf aus, die Feinde außerhalb der Grenzen der DDR zu diskreditieren und deren Nachteile darzustellen. Die gesamten Lehrpläne für das Fach Staatsbürgerkunde in der DDR enthielten kaum Möglichkeit zum Vergleich anderer politischer Systeme. Er ist durchdrungen von Marxismus-Leninismus und in seiner Anwendung immer darauf beschränkt die Vorteile dessen darzustellen. Die Überredung war durch die schrittweise Heranführung der Thematik ab der siebten Klasse langsam durchgeführt worden. Die Lösungen zielten aber grundsätzlich immer auf den Marxismus-Leninismus hin. Diese Einseitigkeit im Denken und Ur-

teilen war gewollt, und somit beschränken sich dich Urteile der Schülerinnen und Schüler nur auf das notwendige und vor allem auf das, was die Lehrer hören wollten. Damit sollte verhindert werden, dass kapitalistische Ideen Einzug halten in das bestehende sozialistische Parteiensystem (vgl. Endres 1992: 14). Ein Individualismus wurde somit verhindert, um die marxistisch-leninistisch geprägte politische Gestaltungsfähigkeit in der Öffentlichkeit zu bewahren. Die aktive Auseinandersetzung war ebenfalls „(...) ungenügend ausgebildet" (Herzberg 2001: 7 f.). Dadurch wurde eine soziale und kommunikative Kompetenzbildung nicht ausgebildet. Die „Vergesellschaftung wurde quasi verordnet" (Herzberg 2001: 71). Somit konnten sich keine eigenen politischen Werte und Normen bilden, da es ja nur diese eine gab. Was folgte war eine Anpassung, ein Verstecken und ein Verdrängen der eigenen Meinung in den Privatbereich. Nicht auffallen war die Doktrin der Bürgerinnen und Bürger die sich nicht anpassen wollten. So entstand ein Anpassungsdruck und Konformismus (vgl. Grammes/ Zühlke: 21). Die Konsequenzen der Nichtanpassung, die Angst vor Repressalien waren nicht unbegründet. Die Angst des Verlustes des gut bezahlten Arbeitsplatzes, die eventuell anstehende Bespitzelung durch die Staatsorgane sowie die Arbeit in einem weniger gut bezahlten Beruf in der Landwirtschaft war größer, als die Angst als eventueller Heuchler dazu stehen (vgl. Grammes/ Zühlke: 18). Man bekam, um keine Repressalien erwarten zu müssen, ein inneres Misstrauen gegen über Kollegen und Freunden (vgl. Grammes/ Zühlke: 21). Meist reichten verbale Äußerungen, im Sinne einer positiven parteilichen Haltung, um die Linientreue bekunden und sich somit zur Partei positionieren. Somit hat man die Staatsdoktrin die Normen anerkannt und man hatte letztendlich seine Ruhe (vgl. Grammes/ Zühlke: 19). Ein Bauer aus der DDR erzählt: „Ja, wir erziehen Lügner und Heuchler, aber es geht nun einmal nicht anders. Wenn die Kinder es zu es zu was bringen sollen, müssen sie sich anpassen und schreiben, was der Lehrer von ihnen erwartet. (...) Das heißt ja nicht, dass sie den politischen Unsinn auch glauben müssen" (Merseburger 1988: 108 in: vgl. Grammes/ Zühlke: 18). Der Bauer trifft dabei den Nagel direkt auf den Kopf, wenn im schlimmsten Falle konnte gerade diese Nichtanpassung dem beruflichen Erfolg verhindern, indem zum Beispiel ein Berufsverbot ausgesprochen worden ist. Die Schülerinnen und Schüler wussten um diese Konsequenzen, weil sie ihnen immer wieder mitgeteilt worden sind oder sie selbst diese Erfahrungen im privaten Bereich gemacht haben. Auch Lehrer waren jedoch mit den Arbeitsanweisun-

gen nicht immer einverstanden. Jedoch mussten auch sie sich anpassen denn, wie ein Lehrer aus dieser Zeit erzählt: "Man wurde ausgelacht, (...), in dem man zum Außenseiter, zum „Klassenfeind" erklärt wurde, zu einem, der nicht im „rechten Bewusstsein" sei, (...) hier wurde wie in einer autoritären Religion mit einer magisch mystischen Übermacht gearbeitet, um die Infantilisierung und Unterwerfung zu sichern, (...) Man blieb (...) allein, fast nie hat jemand Partei ergriffen und sich solidarisiert, (...) Und das Resümee solche Erfahrungen war: „Es hat keinen Zweck ich kann nichts machen es ändert doch nichts, ich bin nur der Dumme"" (Grammes/ Zühlke: 75). „Selbst abgesandte Wissenschaftler machten keinen Hehl daraus, dass die Schülerinnen und Schüler in den Schulen der DDR für den Sozialismus, in der Weltanschauung des Marxismus-Leninismus zu den bewussten Staatsbürgern erzogen werden" (Klein/ Reischock 1972: 33). So weit war bereits das Selbstverständnis der wissenschaftlichen Anschauung über den Unterricht im Fach Staatsbürgerkunde in der DDR. Aussagen, dass die Schülerinnen und Schüler die Probleme aus Sicht der Arbeiterklasse beurteilen und handeln sollen, dass sie einen sozialistischen Patriotismus, einen sozialistischen Internationalismus mit einer weltanschaulichen Bildung und einer letztendlich Friedensschaffenden Gesellschaft aufzeigen sollen, zeigt die Bereitschaft der Schülerinnen und Schüler und die damit späteren Bürgerinnen und Bürger der DDR, sich auf die Weltanschauungsideologie einzulassen. Und obwohl das Denken zur Bürgerpflicht werden sollte (vgl. Klein/ Reischock 1972: 19) haben sie vergessen, dass sie gerade auch im Sinne des wirtschaftlichen Aufschwunges vergessen haben, ökonomische Ideen aus anderen Ländern mit einzubeziehen. Man könnte hier fast die These aufstellen, dass gerade aus diesem Grunde die damals aufstrebende Macht DDR wirtschaftlich nicht auf einen Nenner kommen konnte, wenn man seine Bürgerinnen und Bürger dahin gehend erzielt, alle Ideen grundsätzlich nur auf die Lehren von Marx und Engels auszurichten. Es gibt vielerlei Ideen aus dem Bereich, z. B. aus der kapitalistisch geprägten Ökonomie, die man hätte übernehmen können. Aber sie passte nun einmal nicht zum Weltbild der DDR. So konnte es keinen Wirtschaftsaufschwung geben. Aber genau das wollte die DDR Regierung aber erreichen. Je höher die Bildung und das Wissen, desto schneller die Entwicklung auf allen Gebieten, vor allem für die „wissenschaftlich-technische Revolution," für den Wohlstand der Arbeiterklasse. (Klein/ Reischock 1972: 21). In den achtziger Jahren wurden DDR Jugendliche zum Erfolg der staatsbürgerlichen Erziehung befragt. Dabei

ging es um die Identifikation mit ihrem Staat. Die Ergebnisse sind sehr unterschiedlich ausgefallen. In den achtziger Jahren gab es zunächst kein Anstieg in der Identifikation mit dem Staat. Dies begründet sich vor auf dessen Existenzängste der Jugendlichen zur Zeit des nuklearen Waffenaufstieges. Auch wurde die Friedenspolitik der DDR Zeit zu dieser Zeit stark gelobt. Ab 1986 gab es jedoch wiederum eine "(…) rückläufige Tendenz ihrer Identifikation mit der DDR (…)" (vgl. Biskupek 2002: 25). Im September 1989 waren es sogar nur noch 16 % der Bevölkerung, die sich mit der DDR noch identifizieren konnten. Auch die Zustimmung," dass sich der Sozialismus in der ganzen Welt durchsetzen wird" (Biskupek 2002: 25) lag im Mai 1988 nur noch bei 10 %. Dieser Trend ist nicht neu. Es gab bereits Ende der siebziger Jahre „eine zunehmende Distanzierung (…) vom Marxismus- Leninismus" (Biskupek 2002: 25). Ursachen waren z. B. „(…) der Graben zwischen Theorie und eigener Erfahrung" (Förster/ Roski 1990: 41 ff. in Biskupek 2002: 25). Jugendliche haben die FDJ nur noch als „reine Pflichtübung" wahrgenommen (Biskupek 2002: 25). Ein Großteil der Jugendlichen war der Meinung, dass ihre ehrliche Meinung gar nicht gefragt wurde oder nur selten (39 %). Sie hatten auch nicht das Gefühl überhaupt einen Einfluss auf die gesellschaftliche Entscheidung zu haben (39 %) (vgl. Biskupek 2002: 26). Die so genannte angebliche Entwicklung, dass sie gebraucht wurden für den Staat, kam bei den meisten Jugendlichen also nie an. Nur 52 % der Jugendlichen hatten das Gefühl, gebraucht zu werden. Auch hatten die meisten Jugendlichen das Gefühl nichts über das Leben gelernt zu haben (vgl. Biskupek 2002: 26). Problematisch war auch die Rolle der Frau im Sozialismus, da ihr einer besonderen Doppelrolle zugeschrieben wurde. Frauen mussten in der DDR arbeiten, gleichzeitig die Kinder versorgen und sich gleichzeitig freiwillig engagieren. Sie war damit nicht nur einer zeitlichen Barriere ausgesetzt, sondern auch einer Barriere gegenüber der beruflichen Karriere (vgl. Endres 2001: 73). Die Rolle der Frau als Arbeiterin wurde jedoch im Unterricht nicht weiter thematisiert, sondern sie wurden lediglich motiviert, ihre Arbeit auch in Berufen aufzunehmen, die von Männern ausgeübt worden sind. Der Grund war vor allem der Fachkräftemangel in technischen Berufen der DDR.

7. Zusammenfassung

Das Fach Staatsbürgerkunde existierte bis zum Jahr 1989, welches durch Proteste von Seiten der Wissenschaftler sowie durch Protestbriefe von Seiten der Bevölkerung aufgelöst worden ist. Die Ideologievermittlung des Faches trug dazu bei, diese Proteste auszulösen. Das Fach Staatsbürgerkunde hatte in der Schule die Aufgabe die Ideologie des Marxismus-Leninismus an die Schülerinnen und Schüler zu vermitteln. Die Ideologie wurde dabei bis in die Privatbereich hineingetragen. Die Schülerinnen und Schüler wurden bis ins Berufsleben aktiv an den Nachmittagen beschäftigt, durch vereinzelte Maßnahmen, wie den Subbotnik oder durch die Mitgliedschaft in der FDJ bzw. bei den Pionieren. Diese außerschulischen Maßnahmen, die bis in den Freizeitbereich und in die Ferien hineinlangten, wurden staatlich kontrolliert. Wer der Doktrin folgte und sich anpasste, brauchte keine Probleme zu erwarten. Jedoch fühlten sich viele Menschen durch die Ideologie des Marxismus-Leninismus unter Druck gesetzt. Es entstand Anpassung und ein Zurückziehen der eigenen Meinung in den Privatbereich. Dies war nicht unbegründet, da die Menschen in der DDR keine allzu freie Meinungsäußerung ausüben durften und sie jederzeit bei Kritik mit Konsequenzen rechnen mussten. Dementsprechend war auch das Feedback der Bürgerinnen und Bürger, als die Mauer fiel, der Protest. Die Ideologie des Marxismus-Leninismus ist eine politische Theorie, die die Grundlage war für den Staatsbürgerkundeunterricht. Lehrerinnen und Lehrer mussten eine Konformität/ Identität mit dem Staat aufweisen, Motivation zu den Lehren des Marxismus-Leninismus unter Beweis stellen. Die Ideologievermittlung an die Schülerinnen und Schüler war dabei durch verschiedene Gesetze festgelegt. Wurden neue Lehrpläne durch das ZK der SED entwickelt und in Auftrag gegeben, so mussten diese auch umgesetzt werden. Eine Zunahme der Ideologievermittlung war dabei gewollt und wurde immer weiter ausgebaut. Die Zunahme der Ideologievermittlung bis in den privat bzw. Freizeitbereich empfanden viele Menschen als Eingriff in ihre Persönlichkeitsrechte, ohne das Recht sich frei in der Meinung äußern zu dürfen. Dies glich einem Denkverbot und setze die Menschen in der DDR zunehmend unter Druck. Betrachtet man die Anpassungsfähigkeit der Menschen in der DDR, welche aus Angst und Druck hervorgerufen wurde, so kann man sagen, dass die Ideologievermittlung mit ihren Kontrollorganen von Seiten des Staates zu weit gegangen ist.

8. Fazit

Führte die Ideologie des Marxismus-Leninismus in seiner Anwendung in der Schule die Menschen weg von der sozialistischen Idee? Marx und Engels haben in ihren Werken (…) die Vorstellung, dass sich durch die Überwindung des Kapitalismus ein neuer Mensch herausbilden werden - allerdings nicht durch Gängelung und manipulieren" (Friedrich Ebert Stiftung 1985: 10). Um Profitstreben und die Ausbeutung des Menschen durch den Kapitalismus zu verhindern, orientierten sich die Machthaber an der, von der Sowjetunion vordiktierten, Doktrin. Wenn man nur Ideologie im Unterricht vermittelt, dann kann nur ein einseitiges Denkmuster vermittelt werden. Der Mensch braucht Alternativen. Er sucht ständig nach Lösungen und die Menschen der DDR wurden durch diese einseitige Schulbildung, durch das ständige Loben des Staates, der Ideologie müde. Die Ideologie, die Lehren des Marxismus-Leninismus, die Kontrolle bis in den Privatbereich hinein, hat die Jugendlichen abstumpfen lassen. Das ständige Hochhalten der Errungenschaften des Staates erzeugte einen Anpassungsdruck. Konflikte konnten so nicht ausgetragen werden, und das Gefühl nicht gebraucht zu werden, obwohl der Staat immer wieder ideologisch drauf hin arbeitete, konnte keine Identifizierung herausbilden. Diese Resignation, die Verunsicherung im Hinblick auf ihre Zukunft und ihrer Aufgabe innerhalb ihres Staates führten, mithilfe ihrer Anpassungsbereitschaft, egal ob geheuchelt oder nicht, zum Umdenken. Hat man also die Menschen hinweg getrieben vom Sozialismus? Ja, aber es gab zusätzliche Gründe. Dies waren z. B. die vielen Verbote (z. B. Reisen, das Verbot Westfernsehen zu schauen, Bild- oder Tonaufnahmen wurden kontrolliert), die Angst vor der Bespitzelung von Freunden, Kollegen, Verwandten. Selbst Mitglied einer Kirche zu sein, bedeutete nicht freie Meinungsäußerung zu betreiben. Man wurde schnell verdächtig, was zur Ausgrenzung führt. Regeln zur freien Entfaltung gab es von daher nur in den Köpfen der Menschen, wurden aber vom Staat nicht akzeptiert. Diejenigen, die damals die DDR mitbegründet, haben sich im Sinne ihrer Bürgerinnen und Bürger gedacht, dass die Ideologie das Standbein für die zukünftige Gestaltung des Sozialismus sei, mit dem Ziel den Kommunismus als Endziel zu erreichen. Aber sie haben aber auch nicht nicht darüber nachgedacht, welche Konsequenzen die Vermittlung und Kontrolle von Ideologie in der Schule bis hin zur Freizeit haben kann. Man hat einfach nicht darüber nachgedacht, wie man den Men-

schen seine Individualität lassen kann, ohne dabei den Grundgedanken des Marxismus-Leninismus zu verlieren. Und obwohl es unzählige Kritikäußerungen von Seiten der mutigen Bürgerinnen und Bürger gab, hat die SED Führung die Ideologiemaschinerie weiter ausgebaut, was immer mehr Konflikte brachte und eine dementsprechende Unzufriedenheit (Friedrich Ebert Stiftung 1985: 62). Bildungstechnisch hat die DDR den Standard nach den Lehren von Marx und Engels erreicht. Dass der Zwang entstand, einfach mal auszubrechen oder auszusteigen ist soziologisch gesehen ein normales Phänomen. Hätte sich die DDR mehr an der marxistischen Theorie orientiert, und den Ideologiecharakter Lenins weniger stark ausgelegt, der Vermittlung von oben nach unten, wäre es eventuell nicht zu einer solchen Entwicklung gekommen. Damit wäre die allzu strenge Vermittlung der ideologischen Vorstellungen im Fach Staatsbürgerkunde eventuell etwas lockerer verlaufen, insbesondere was die eigene Meinung betrifft, was auch dem Lehrpersonal die Durchführung des Unterrichtes eine Erleichterung verschafft hätte. So hat das Fach Staatsbürgerkunde nur eines erreicht, die Schülerinnen und Schüler weg von der Ideologie zu führen, weil sie sich nicht frei in ihrer Meinungsäußerung auseinandersetzen konnten. „Das (…) aus dem Primat der Ideologie (daraus) ergebende Denkverbot (im privaten und öffentlichen Bereich) reduziert alle anstehenden Probleme (…) auf technische Defizite (wie z. B. die polytechnische Bildung). Die Möglichkeit der politisch-ideologischen Beeinflussung im Staatsbürgerkundeunterricht scheitert an der gesetzten Prämisse: der Ideologie" (Vogler 1997:2).

Literaturverzeichnis

Zentralinstitut für Berufsbildung der DDR (Hrsg.)/ Dr. Behrendt, Wolfgang/ Dr. Döge, Klaus/ StR Dr. Wricke, Günter/ (1980): Politisch-ideologische und pädagogische Führung des Unterrichts durch den Direktor und andere pädagogische Leitungskräfte. Leitungswissenschaft. Weiterbildung leitender Kader der sozialistischen Berufsbildung, Studientexte, Berlin, 17-20

Biskupek, Sigrid (2002): Transformationsprozesse in der politischen Bildung. Von der Staatsbürgerkunde in der DDR zum Politikunterricht in den neuen Ländern. Studien zur Politik und Wissenschaft, WOCHENSCHAU Verlag. Dissertation Universität Gießen, Schwalbach/ Ts., 24-26

Endres, Wolfgang (2001): Aspekte kritischer Politikdidaktik. Zur Überwindung von Theorie und Praxis politischer Bildung in der früheren DDR und zu ihrer neue Konzipierung in den neuen Bundesländern, Verlag Dr. R. Krämer, Hamburg, 10-73

Feige, Wolfgang (1975): Beiträge zur Methodik der Staatsbürgerkunde Unterrichts, Volk und Wissen volkseigener Verlag Berlin, 11-15

Friedrich Ebert Stiftung (1985): Das Bildungswesen in der DDR, Verlag Neue Gesellschaft GmbH, Bonn, 10-21/ 50-62

Grammes, Tilman/ Zühlke, Ari/ Bundeszentrale für politische Bildung (Hrsg.) (ohne Jahresangabe): Arbeitshilfen für die politische Bildung. Ein Schulkonflikt in der DDR. Leitfaden zum Dokumentenband, Chemnitzer Verlag, Zwickau, 19-75

Helwig, Gisela (Hrsg.) (1988): Schule in der DDR, Verlag Wissenschaft und Politik, Köln, 5-7/ 112-116/ 208 f.

Herbstritt, Georg/Der Landesbeauftragte für Mecklenburg-Vorpommern für die Unterlagen des Staatssicherheitsdienstes der ehemaligen Deutschen Demokratischen Republik (Hrsg.) (1996): „... den neuen Menschen schaffen. Schule und Erziehung in Mecklenburg-Vorpommern und die Konflikte um die Schweriner Goetheschule von 1945 bis 1953, ohne Verlagsangabe, Schwerin, 3-20

Herzberg, Kurt (Hrsg.) (2001): Lebens-Wege-Erziehungs-Wege. Erziehungsziele und Erziehungsstile in Ost-und Westdeutschland, Peter Lang GmbH Europäischer Verlag der Wissenschaften, Frankfurt am Main,7/ 70-89.

Lücke, Peter R./Bundesministerium für gesamtdeutsche Fragen (1965): Staatsbürgerkunde in der Sowjetzone, Deutscher Bundes-Verlag, Bonn, 19-26/ 51 f.

Prof. Dr. Klein, Helmut/ Dr. Reischock, Wolfgang / Redaktion „Aus erster Hand" (Hrsg.) (1972): Bildung für heute und morgen. Eine Information über das einheitliche sozialistische Bildungssystem der DDR, Schriftenreihe April 1972, Vierte Auflage, Berlin, 19-21/ 45 f.

Robert Havemann Gesellschaft (Hrsg.)/ Bildungsserver Berlin-Brandenburg (ohne Jahresangabe): SED – Die „Norm" der sozialistischen Persönlichkeit, Online: http://bildungsserver.berlin-brandenburg.de/fileadmin/havemann/docs/material/9_M.pdf, (abgerufen am 10.10. 2001), 1-4

Vogler, Hans-Joachim (1997): Zur Problematik der Unterrichtlichen Vermittlung ideologisch-politischen Zielsetzungen im Staatsbürger ohne Unterricht in der DDR von 1971 bis Herbst 1989 - zur Zielsetzung, Entwicklung und Kontrolle des ideologischen Schlüsselfaches Staatsbürgerkunde in der polytechnischen Oberschule (POS), Inaugural-Dissertation, Freie Universität Berlin, Mikrofilm Ausgabe. (keine gedruckten Ausgaben verfügbar), Berlin, 2 ff.

Weitendorf, Friedrich/Deutsches pädagogisches Zentralinstitut. Sektionsunterrichtsmethodik und Lehrpläne. Institut für Marxismus Leninismus der Humboldt Universität Berlin (1961): Staatsbürgerkunde. Methodisches Handbuch für den Lehrer, Volk und Wissen Volkseigener Verlag Berlin, 21-3/ 24-37/ VII f.

Anhang

Zeitleiste zum Bildungswesen der DDR mit dem Fach Staatsbürgerkunde

11.06.1945	Entnazifizierung des Lehrpersonals
02.08.1945	Potsdamer Abkommen. Umgestaltung des Lebens auf demokratisch geprägter Grundlage. Monopole werden enteignet.
September 1945	Gründung eines eigenen Schulverlages (Volk und Wissen Verlags GmbH)
1. Oktober 1945	Der Schulbetrieb wird wieder aufgenommen.
1946	Gesetz zur Demokratisierung der Schule (Umsetzung zwischen dem zweiten 20. Mai und 12. Juni 1946), Gliederung des Schulsystems in Vorstufe, Oberstufe und Hochschule, achtjährige Grundschule für alle.
1949	Gründung des Ministeriums für Volksbildung
08/ 1949	IV Pädagogischer Kongress: Zielinhalte des Bildungssystems werden festgelegt, Politische Orientierung am Marxismus-Leninimus, Ablehnung der Reformansätze z. B. von Peter Petersen (zu bürgerlich und reaktionär)
7.Oktober 1949	Gründung der DDR
Juli 1950	Einführung des Faches Gegenwartskunde, Vorläufer zum Fach Staatsbürgerkunde
1950 – 1957	Stoffliche Entlastung und Freiraumgestaltung des Faches werden eingeräumt. Erste Diskussionen zur Abschaffung des Faches Gegenwartskunde.
1957/ 58	Einführung des Faches Staatsbürgerkunde, Festlegung der Inhalte (Bsp. Vermittlung fundierter Grundkenntnisse über Staat und Gesellschaft.
1959	Die POS wird Pflichtschule für alle Schüler. Ausnahme bildet die Sonderschule für Schülerinnen und Schüler mit besonderem Förderbedarf.
1960/ 61	Stabilisierung des Faches Staatsbürgerkunde. Erste Lehrstühle für Methodik entstehen (Bsp. Humboldt Universität Berlin, Potsdam und Jena)

01/ 1963	Bildungswesen wird inhaltlich und strukturell neu aufgebaut. → Kernzieldefinition ist der Aufbau des Sozialismus.
1964/ 65	Neue Lehrpläne werden eingeführt. Die Ausbildung der Fachlehrer und Unterstufenlehrer wird vorangetrieben. Neue Lehrbücher entstehen und neue Fachdidaktiken und dessen Methodiken werden eingeführt.
25.02.1965	Gesetz über einheitliches sozialistisches Schulsystem wird eingeführt.
1967	Der Staat wird in den Lehrplänen mit eingeführt (sozialistisches Kernstück der Allgemeinbildung). Bis 1971 reformiert.
1968	Ausdehnung des Faches Staatsbürgerkunde auf die 7. und 8. Klassenstufe. Festlegungen der Stundenzahlen auf die einzelnen Klassenstufen.
1970	Erste Präzisierungen der ideologischen Grundorientierungen finden statt.
1972	Neue Lehrpläne für die Klassenstufe 10 entstehen.
1975	Neue Lehrpläne für die Klassenstufe 8 entstehen.
16.12.1981	ZK der SED beschließt „(…) Erholung der Qualität des Staatsbürgerkundeunterrichts und der politischen Arbeit mit den Staatsbürgerkundelehrern." Fachberater werden eingeführt und Lehrer werden zunehmend auf ihre Staatstreue geprüft. Dies beginnt bereits in der Studienphase. Dazu werden Steuermechanismen eingeführt.
1983	Ausarbeitung neuer Lehrpläne für das Fach Staatsbürgerkunde. 7. – 11. Klassenstufe (von 1984-1989)
April 1986	Beschluss der Ausarbeitung neuer Lehrpläne bis 1990 (XI. Parteitag des ZK der SED). Beschluss, eine noch konsequentere politisch-ideologische Erziehung durchzuführen.
November 1989	Ministerium für Volksbildung hebt sämtliche Inhalte des Faches Staatsbürgerkunde auf.

Quelle: Herbstritt, Georg/Der Landesbeauftragte für Mecklenburg-Vorpommern für die Unterlagen des Staatssicherheitsdienstes der ehemaligen Deutschen Demokratischen Republik (Hrsg.) (1996): „... den neuen Menschen schaffen. Schule und Erziehung in Mecklenburg-Vorpommern und die Konflikte um die Schweriner Goetheschule von 1945 bis 1953, ohne Verlagsangabe, Schwerin, 20-41